LA
POLITIQUE ANGLAISE

PARIS

IMPRIMERIE DE L. TINTERLIN ET Cᵉ

rue Neuve-des-Bons-Enfants, 3.

LA POLITIQUE ANGLAISE

PARIS

E. DENTU, LIBRAIRE-ÉDITEUR

PALAIS-ROYAL, 13, GALERIE D'ORLÉANS

1860

LA
POLITIQUE ANGLAISE

LETTRE A LORD PALMERSTON

MYLORD,

Vous avez pour la grandeur de votre pays un culte passionné ; mais cet amour de la patrie, qui fait votre gloire, n'obscurcit en rien les hautes lumières de votre raison. Vous voulez que la vieille Angleterre conserve, sur les destinées du monde, sa part légitime d'influence ; mais vous comprenez qu'il y ait d'autres grandes nations qui prennent aussi leur place dans les conseils où se règlent ces destinées. Vous êtes un ardent patriote ; mais vous savez vous élever au-dessus des ridicules préjugés d'un grand nombre de vos concitoyens.

C'est pour cela, Mylord, que je vous adresse cette lettre. Je voudrais examiner froidement, avec vous, les causes qui troublent nos rapports ; rechercher au prix de quels sacrifices une paix sincère pourrait être assurée, et sauver, s'il se peut, à la terre, les horreurs d'une guerre de géants.

Vous pourriez peut-être m'arrêter tout d'abord et me demander où sont les symptômes de la guerre. Nos relations ne sont-elles pas ce qu'elles furent toujours? Lord Cowley a-t-il cessé de recevoir un seul instant le meilleur accueil aux Tuileries? M. de Persigny se plaint-il? Non, je reconnais que la paix est dans toutes les bouches et qu'elle règne officiellement. Qui donc, dans les hautes régions du pouvoir, voudrait laisser percer une pensée de guerre? Derrière le voile trop transparent, on aperçoit cependant une triste vérité, c'est que l'Angleterre nous déteste, parce qu'elle nous craint. Pour nous, si nous ne vous redoutons pas, c'est que notre vieux sang gaulois nous rend insoucieux du danger; mais nous ne vous en aimons pas davantage.

Vous voyez, avec une inquiète jalousie, s'élever en face de vos rivages une force maritime imposante. Vous vous souvenez, avec un dépit mal déguisé, de la supériorité de notre organisation militaire. Vous ne pouvez nous pardonner de vous avoir sauvés en Crimée, et d'y avoir trop fait voir à l'Europe surprise notre force et votre faiblesse.

Cela n'est pas généreux; mais cela est si fort dans la nature de l'homme que nous n'aurions pas, pour si peu, le droit de vous en vouloir.

Malheureusement, il nous reste au cœur d

vieilles blessures fort mal fermées que, par une dé-
plorable imprudence, votre presse, votre tribune
même, s'efforcent chaque jour de rouvrir.

Nous n'avons pas oublié la guerre injuste, acharnée,
que vous avez faite à notre glorieuse Révolution, vous
qui vous disiez les apôtres de la liberté. Nous n'a-
vons pas oublié que, lorsqu'après nos désastres, nous
trouvions, chez des peuples qui avaient le droit de
nous haïr, un généreux oubli, l'Angleterre nous
poursuivait encore de son implacable haine, et nous
arrachait sans pitié les derniers lambeaux de notre
grandeur. Nous pouvons ne pas nous ressouvenir de
Waterloo ; nous sommes assez vengés pour n'avoir
plus à pleurer nos désastres ; mais nous nous rap-
pelons le congrès de Vienne. Eh bien ! lorsque nous
entendons vos publicistes, vos hommes d'État, en
appeler sans cesse à cet odieux traité, ériger cette
page funèbre de notre histoire en une loi sainte qui
doit à jamais régir le monde ; convenez-en, Mylord,
il est assez naturel que nous n'éprouvions pas une
tendresse fort vive pour un peuple que nous avons
sauvé hier encore, et qui ne trouve, pour nous payer
le sang versé dans sa cause, que les rancunes de
1815.

Vous trouverez, peut-être, Mylord, le mot *sauvé*
prétentieux ; eh bien ! soit, *arrêté votre décadence ;*
ce serait plus exact.

La Russie, en effet, n'a point abandonné ses

projets sur Constantinople, et le jour où l'aigle des czars planera sur les Dardanelles comme il menace déjà la mer du Nord, ce jour-là, vous le savez, Mylord, vous qui ne vous payez pas d'orgueilleuses rêveries, l'Angleterre descendra au second rang. Pour nous, au contraire, que nous importe que la Russie règne à Constantinople? Comme chrétiens, nous verrions disparaître la tache hideuse que fait l'islamisme sur la carte d'Europe. Comme Français, nous ne pourrions que gagner à cette révolution, qui ferait de Marseille le grand entrepôt du commerce de l'Occident.

Nous n'avons, d'ailleurs, aucune prévention contre les Russes. De même qu'après un duel où les deux adversaires ont échangé bravement leur feu sans trop savoir pourquoi, de vives amitiés se forment souvent; de même, après notre guerre de Crimée, les Russes nous inspiraient une estime sincère, et ils nous la rendaient bien.

Au point de vue de nos intérêts politiques, la conquête de la Turquie, loin de nous affaiblir, nous fortifierait. La Russie sait aujourd'hui ce que vaut l'amitié de la France, et ne lui refuserait pas le prix de cette précieuse amitié. L'Allemagne alors, menacée au Nord et au Midi, sans cesse à la veille de voir lui échapper la domination des populations slaves, l'Allemagne comprendrait bientôt qu'il faut se rapprocher sincèrement de la France; et l'Angleterre, elle-même, reconnaîtrait, un peu tard, peut-être, que la France, — ce vieux soldat toujours sous les armes, qui tant de fois a sauvé l'indépendance de l'Europe, — peut seule la sauver encore.

Aveuglée par son hostilité, l'Angleterre cherche en Allemagne son point d'appui pour résister à la marche envahissante de la Russie. Elle oublie l'histoire; qu'elle se souvienne donc de cette belle figure du prophète : « *Ecce confidis super baculum arundineum confractum istum.* » Que peut, en effet, l'Allemagne toujours divisée, toujours composée d'éléments antipathiques; mettant son patriotisme en ballades, substituant ses théories nébuleuses à la logique des faits, la philosophie énervante du doute à la foi qui fait vivre, et soulevant d'éternelles discussions quand l'action seule peut sauver?

Non, Mylord, l'Allemagne ne peut plus rien contre la Russie. Si elle essayait de se soustraire au suzerain qu'elle s'est elle-même donné en 1815, un mot de celui-ci suffirait pour soulever autour d'elle des légions d'ennemis : Slaves, Madgyars, Serbes, Vendes, Bohêmes, Italiens, de toutes les langues, de toutes les nations, toutes d'accord pour détester le joug germanique, et pour secouer une domination que rien ne justifie et qui ne se fait accepter par aucun bienfait. Le panslavisme est une arme terrible, et la Russie sait s'en servir.

Le seul obstacle sérieux que vous puissiez opposer à la politique entraînante de la Russie, c'est la France. La seule armée avec laquelle il n'y ait point à redouter de changements de front de Leipsick ou de Hanau, c'est celle de la France. Notre alliance seule peut donc conjurer pour vous l'avenir. Comment se fait-il donc qu'on prenne si peu de soin dans votre pays de la rendre sincère, d'en assurer la durée ? qu'on ne se préoccupe que d'une chose : la crainte de voir la France forte ; comme si c'était là le danger !

Que la Russie force les défilés du Caucase et s'ouvre des communications faciles avec l'Asie centrale, qu'elle contourne la mer Caspienne, qu'elle s'assure, soit par des places de guerre, soit par des traités, la route des Indes, rien de tout cela ne trouble le repos de vos hommes d'État.

Que l'Autriche s'empare, sans bruit, de tout le littoral de l'Adriatique, qu'elle y crée une marine déjà redoutable ; qu'elle impose sa suzeraineté, soit par une habile diplomatie, soit par la violence, à toute l'Italie ; qu'elle tente même d'enlever quelques provinces à cette Turquie dont l'existence vous semble pourtant si nécessaire, personne dans le Parlement ne poussera le cri d'alarme.

Mais qu'il soit question d'abandonner à la France quelques glaciers nécessaires à sa défense ; oh ! alors l'Angleterre tout entière s'agite et proteste. C'est toucher à l'arche sainte des traités de Vienne, et votre cabinet se croit obligé de calmer l'inquiétude publique en donnant l'assurance que l'empereur des Français ne demande pas l'annexion de la Savoie.

Est-ce ainsi, Mylord, que se manifeste la cordialité de votre alliance? Une jalousie si susceptible est-elle de nature à faire régner entre nous une bien vive amitié? Non, Mylord, tant que l'Angleterre ne changera pas de sentiments à notre égard, cette alliance n'est qu'un mot : elle est trop onéreuse.

Vous étiez aussi nos alliés, lorsque la Belgique voulait retourner à la commune patrie. Comment alors avez-vous traité ce grand respect des nationalités qui vous enflamme aujourd'hui? Est-ce que la Belgique n'était pas toute française, est-ce qu'elle ne demandait pas, membre séparé et sans force, à se réunir au grand corps de la nation gallo-franque dont elle fait si essentiellement partie? L'Angleterre craint si fort l'accroissement de l'influence de la France, que sa politique semble consister à contre-carrer partout celle de sa rivale.

Partout, en effet, où l'action de la France s'exerce, elle rencontre l'antagonisme absolu de l'Angleterre, même lorsque la cause que défend la France est en réalité commune. La passion l'emporte sur la raison d'État. La France, dans la sage prévision d'événements inévitables, veut-elle fonder en Orient une puissance assez forte pour devenir, lors du démembrement prochain de la Turquie, le noyau d'un nouvel empire et servir de barrière aux agrandissements que l'Angleterre redoute? Celle-ci se met à la traverse, elle s'efforce de détruire cette barrière qu'elle devrait désirer ; elle prépare la conquête par l'anarchie, elle s'allie à la politique imprudente et égoïste de l'Autriche, sans nul souci de l'avenir, uniquement parce que cette politique est opposée à celle de la France. Ensuite, lorsque la France, inquiète des menées souterraines de l'Autriche pour soumettre à sa domination toute la péninsule italique, prend en mains la cause de son indépendance, vos journalistes, vos hommes d'État, s'étonnent qu'on puisse trouver mauvais le joug de fer sous lequel gémit l'Italie ; ils trouvent que tout y va à merveille, et qu'il vaut bien mieux laisser abrutir sous le despotisme étranger la nation la plus intelligente de l'univers, que de manquer de respect à la loi sacrée, au traité de Vienne. L'Angleterre s'agite, elle s'arme, elle en vient presque à la menace. Mais si plus tard les baïonnettes de nos soldats affranchissent la Lombardie, si nos victoires reconstituent au pied des Alpes une grande nation capable de résister à l'influence autrichienne ; si la France satisfaite s'arrête, l'Angleterre alors change de rôle, elle s'indigne qu'on fasse si peu. Elle, qui n'a trouvé pour les souffrances de l'Italie que des paroles de mépris, s'éprend subitement d'un violent amour pour ce pays ; elle veut y fonder un grand empire, y reconstituer l'unité. Si l'Autriche vaincue, mais encore respectée par la France, consent à une paix honorable, l'antique alliée de l'Angleterre n'est plus pour elle qu'une ennemie qu'il faut humilier à tout prix et rejeter bien au-delà des Alpes.

A quelles inconséquences un sentiment passionné peut-il donc entraîner lorsqu'il se substitue aux froids conseils d'une saine politique !

Que la France se décidât à châtier des princes qu'elle a rencontrés dans les rangs ennemis, qu'elle consentît à les dépouiller pour les punir de leur hostilité : c'est un droit qui naîtrait de la guerre elle-même ; mais vous, Mylord, vous, à quel titre avez-vous cherché à détrôner les légitimes souverains de l'Italie ? N'étiez-vous pas en pleine paix avec eux ? votre alliance était-elle donc rompue ? On eût compris que votre voix se fût élevée énergiquement dans un congrès en leur faveur ; — car, après tout, c'étaient de bons et fidèles alliés ; — mais faire de leur expulsion la condition *sine quâ non* de votre coopération ? en vérité, Mylord, cela confond toute idée de justice. C'est un droit des gens tout nouveau, et puisque vous ne craignez pas d'en poser les bases, c'est le devoir de vos amis de vous avertir qu'il a des inconvénients pour vous-mêmes, et que peu de princes à l'avenir commettront l'imprudence de se fier à votre amitié.

Permettez-moi, Mylord, encore une observation sur ce point. Ce n'est pas, même dans cette question si grave, son intérêt bien entendu que recherche l'Angleterre ; ce qu'elle veut en tout ceci, c'est de créer à la France des obstacles, de défaire ce que celle-ci vient d'accomplir avec quelque gloire.

En effet, la constitution d'un empire militaire en Italie serait un danger pour l'Angleterre, et il n'en est pas un pour la France; nous aurions une grande nation à notre porte, cela est vrai ; mais cette nation nouvelle serait nécessairement notre alliée. Pour atteindre un pareil résultat il n'est nul besoin de tenir compte de la reconnaissance : la reconnaissance des peuples est, d'ailleurs, un élément qui ne doit point entrer dans un calcul politique. Seulement l'Italie, ayant toujours à craindre les entreprises de l'Autriche, devrait naturellement se rapprocher de nous et s'appuyer sur un pays qui n'a pas, Mylord, l'habitude de marchander son sang à ses alliés. En outre, la communauté d'origine, de religion, de goûts, de manière d'être, doit infailliblement réunir un jour en un seul faisceau tous les peuples d'origine latine. Or, si l'Italie était une, forte, maîtresse d'un vaste littoral, libre enfin de livrer à l'activité de ses intelligents marins, ces deux mers où jadis elle a régné en souveraine, cette marine, unie à la nôtre, à celle de l'Espagne, également notre sœur, pourrait fort bien un jour chasser votre orgueilleux pavillon de la Méditerranée. N'est-il pas évident qu'en demandant l'unité de l'Italie, vous rapprochez ce danger qui fait l'objet de vos constantes inquiétudes ?

Ce n'est donc pas dans un intérêt anglais que vous prenez en main la cause italienne ; ce n'est pas non plus dans un but d'humanité ; car si l'affranchissement de ce malheureux pays vous touchait si fort, au lieu de vos menaces, quand nous voulions le rendre libre, vous auriez envoyé vos flottes pour soutenir nos armées. Vous n'avez donc, en réalité, qu'un seul mobile : arrêter l'action de la France, obscurcir, s'il se pouvait, l'éclat de ses succès.

Pour n'avoir point voulu de l'alliance sincère de la France , l'Angleterre se condamne à l'impuissance, elle s'épuise en efforts et ne peut agir. Elle subit, sans se plaindre, les impérieuses exigences de l'Amérique. Elle gronde encore, elle menace encore ; mais, au lieu de faire trembler comme autrefois, elle ne provoque plus que le sourire. L'Espagne elle-même répond dignement à ses menaces en déployant l'étendard de Castille en face de Gibraltar. L'Angleterre porte déjà la peine de sa faute; elle est paralysée, parce qu'elle craint toujours, si elle entame une lutte, que la France, dont elle n'a point voulu la solide amitié, ne vienne à jeter dans la balance son glaive si lourd.

Quelle différence, Mylord, si l'Angleterre avait

été plus juste, si elle s'était efforcée, par exemple, de réparer les iniquités des traités de Vienne ! S'appuyant alors sur la plus forte armée de terre de l'Europe ; à l'abri, derrière cette armée, de toutes les entreprises qui peuvent inquiéter son avenir, l'Angleterre retrouverait toute l'élasticité de ses mouvements et pourrait partout, sans conteste, s'assurer l'empire de la mer. Une crainte fort peu fondée de voir la France lui disputer cet empire est la cause, dit-on, de ce malentendu, et ceci rappelle un peu certain personnage populaire ; car la situation que vous nous faites nous contraint à développer sans cesse notre force maritime, et qui sait laquelle des deux nations pourra pousser le plus loin ses ressources, aujourd'hui que la vapeur peut suppléer au nombre des matelots ? *Si vis pacem para bellum*, c'est votre maxime, Mylord, et vous nous forcez à l'appliquer nous-mêmes. Son application est chère, j'en conviens ; moins cependant pour nous que pour vous.

Ce n'est pas là pourtant le plus grave inconvénient encore. Tandis que tous les yeux de l'Angleterre sont tournés vers le port de Cherbourg pour voir si l'on n'y arme pas une canonnière de plus ; plus loin, à l'orient de l'Europe, une puissance maîtresse de deux mers, qui possède tous les éléments qui manquent à la France, refond sa flotte, l'augmente rapidement, l'exerce et se prépare à l'accomplissement de ce qu'elle considère comme le but de toutes ses destinées. D'un autre côté, une autre puissance, les États-Unis, acquiert un personnel maritime formidable. Elle n'a pas de matériel de guerre, cela est vrai; les Américains sont plus économes que prévoyants; mais que la guerre s'engage, et vous verriez sortir de tous ses fleuves des flottes égales en force aux vôtres, supérieures même par la qualité des marins, sans compter d'innombrables corsaires qui vous fermeraient les chemins de l'Océan.

Ce n'est ni Brest, ni Cherbourg qui doivent, semble-t-il, troubler le sommeil d'un ministre anglais : c'est New-York ou Cronstadt.

Cronstadt est loin, New-York plus encore, et de ces points si éloignés une descente en Angleterre n'est pas à craindre.

Une descente!! Cent mille Français brûlant Portsmouth, et Londres livré à la fureur des zouaves! voilà pourtant, — qui le croirait? — le grand argument avec lequel on dispose, quand on le veut, de la fortune de l'Angleterre. Mais l'on ne s'est jamais demandé quel intérêt pourrait avoir la France à tenter une si difficile entreprise et, en admettant le succès, quel avantage il en résulterait pour elle.

Non vraiment, nous n'avons nul besoin d'envoyer nos turcos effrayer vos belles ladies. Une seule bataille navale perdue et vous êtes effacés de la liste des grandes puissances. Pour nous, qu'importe une défaite sur mer? Nos flottes détruites renaissent, après un certain temps; pareils au géant de la fable, il nous suffit de toucher la terre pour reprendre notre force première, parce que cette force n'est pas l'œuvre artificielle de l'industrie et du commerce : elle procède de la terre elle-même, qui de chacun de ses sillons enfante un soldat.

La partie entre nous n'est donc pas égale. Votre enjeu, c'est celui d'Athènes à Ægos-Potamos, celui de Carthage à Lipari ; votre enjeu, c'est l'existence ; le nôtre, ce n'est qu'une flotte.

Vous comptez, il est vrai, pour combattre la France, sur d'autres armes que vos canons Armstrongs. Vous avez les coalitions, nous ne l'avons pas oublié; mais ce que vous avez pu faire aidés de l'insupportable orgueil de Louis XIV, de l'ambition menaçante de Napoléon Ier, le pourrez-vous aujourd'hui?

Ne croyez-vous pas, Mylord, qu'il serait aussi facile d'organiser une coalition contre l'Angleterre elle-même que contre la France? Vous trouvez, si je ne me trompe, assez peu de sympathie à Saint-Pétersbourg. Peut-être n'y serait-on pas fâché de vous voir engagé contre la France ; mais il est bien douteux qu'on vous vienne en aide. La Russie réserve ses trésors et ses soldats pour une autre cause

que la vôtre. Quant à l'Autriche, vous venez de lui montrer trop bien ce que vaut votre alliance pour qu'elle fasse de grands frais de dévouement. Comptez-vous sur l'Italie, comptez-vous sur l'Espagne? Mais l'une ne peut vivre que de la vie de la France, et l'autre, dont vous venez de blesser le juste orgueil, serait plutôt disposée à vous demander compte de l'occupation de Gibraltar et de la perte de ses magnifiques colonies, due à vos intrigues.

Est-ce aux nations Scandinaves que vous vous adresserez? Mais on s'y souvient encore d'Héligoland et du bombardement de Copenhague. Reste donc la Prusse. Oui, la Prusse, protestante comme vous, redoutant comme vous la France, peut devenir votre alliée ; mais l'histoire des alliances de la Prusse n'est pas rassurante. Comme tous les parvenus, elle est dévorée du désir de grandir encore, et le Hanovre vaut bien une infidélité.

Voilà le tableau, un peu sombre peut-être, et cependant fidèle, de ce que vous pouvez attendre de l'Europe.

Cependant, Mylord, tandis que toutes vos ressources militaires seraient engagées contre la France, tandis que, par un suprême effort, vous lutteriez contre cette redoutable ennemie, l'Inde, toujours prête pour la révolte et dirigée cette fois par de plus habiles mains, serait perdue pour vous. La patiente Russie, certaine alors de n'être plus arrêtée dans sa marche, donnerait enfin le dernier coup à l'empire moribond dont vous prolongez avec tant de soin l'agonie. Voilà, Mylord, le résultat probable d'une guerre contre la France.

Au rebours, si l'Angleterre pouvait oublier sa jalousie héréditaire, accepter franchement la main que la France lui tend encore, et comprendre surtout qu'une alliance n'est durable et sincère que lorsque les deux parties contractantes y trouvent leur avantage, elle n'aurait plus rien à redouter. Unie à la France, aucun peuple, aucune coalition de peuples ne peut lui disputer l'empire de la mer ni remanier la carte de l'Europe sans son consentement. Quand on peut faire mouvoir une flotte de cent vaisseaux, une armée d'un million de vaillants soldats, et qu'on tient dans ses mains presque tous les capitaux libres de l'Europe, il n'est plus très-nécessaire d'arracher à leurs utiles occupations tant de paisibles citoyens, fort étonnés d'échanger leur aune contre une carabine Minié ; on peut se passer de hérisser de canons une côte qui serait à l'abri de toute insulte, et de dépenser chaque année, en préparatifs de guerre, autant que coûterait la guerre elle-même.

On se trompe généralement chez vous sur l'ambition de la France. Elle n'a point du tout celle de régner sur la mer : l'importance relativement peu considérable de son commerce maritime ne lui en fait pas une loi. Elle veut que son pavillon soit libre et respecté, rien de plus. Ce que désire la France, Mylord, c'est de poursuivre en liberté le magnifique développement de ses forces intellectuelles et matérielles. Pour cela, il lui faut la sécurité ; or, cette sécurité absolue lui manque. Elle se rappelle les coalitions, et elle veut être assez forte chez elle pour les braver. Il lui faut donc des frontières mieux assises, plus faciles à défendre, celles, enfin, que la nature lui a faites. Jusque-là, toujours inquiète, agitée, elle se rappelle qu'elle les avait conquises et elle accuse presque ses princes de ne pas les recouvrer.

Une autre cause encore lui rend cette annexion nécessaire : elle aime, elle veut une sage liberté, et l'élément méridional entre pour une trop grande part dans la composition de ses Assemblées. Cet élément a de merveilleux élans ; il peut accomplir de généreux sacrifices, donner naissance à d'incomparables talents ; mais il manque de suite et de fermeté. Il faut à côté de lui la persévérance patiente, la volonté froide et inflexible de nos frères du Nord : les frontières que nous avait assignées la Providence sont donc aussi nécessaires à notre liberté qu'à notre indépendance.

Cette nécessité fatalement imposée par la nature elle-même, nous dicte nos alliances. Si l'Angleterre l'avait voulu, elle pouvait à tout jamais attacher sa fortune à la nôtre ; mais un de ses ministres l'a dit :

« L'Angleterre ne peut être juste ni envers l'Espagne ni envers la France. »

Après nous avoir aidés dans cette œuvre nationale, vous pourriez vous appuyer sur nos armées avec autant de sécurité que sur les vôtres mêmes, car notre cause deviendrait commune. Alors, plus de crainte de voir la Russie maîtresse du Bosphore, l'Amérique vous dépasser en force maritime et la domination de l'Asie vous échapper. Votre fausse politique, au contraire, doit avoir pour résultat nécessaire d'amener les Russes à Constantinople, et en même temps, peut-être, la France sur le Rhin ; d'unir enfin, contre vous les deux plus puissantes nations de l'Europe, le jour où, toutes deux lassées de votre injustice, elles n'écouteront plus que leur véritable intérêt.

Si, en effet, les avances que nous vous faisons depuis trente années ne doivent point être payées par une sincère union, nous serons contraints d'en revenir à nos anciennes alliances avec le Nord. Là, nous ne rencontrerons aucun intérêt qui soit opposé aux nôtres, aucun héritage de haine qui puisse nous désunir. Nous nous sommes battus avec les Russes avec des alternatives de victoires et de défaites qui n'ont laissé des deux côtés qu'un souvenir d'estime. Comme nous, la Russie poursuit un projet dont l'accomplissement paraît indispensable à sa grandeur : elle veut une entrée libre dans la Méditerranée. Elle voit, à côté de ses frontières, une nationalité que s'éteint ; d'un seul coup elle peut réduire en poussière ce vieux monument d'ignorance et de barbarie qui lui fait obstacle. Qui donc arrêtera son bras ? L'Allemagne ? Non, Mylord ; l'Allemagne, toujours avide autant qu'imprévoyante, l'Allemagne laissera faire : elle se contentera de quelques reliefs du lion. Elle recommencera le triste spectacle de 1772 : les nations ne changent pas ! Le seul obstacle sérieux que rencontre la Russie, le seul, j'en conviens, c'est l'Angleterre, parce qu'il y a entre ces deux nations un antagonisme d'intérêts que rien ne peut concilier.

Empêcher la Russie de marcher en avant ou périr, voilà la loi fatale de l'Angleterre. Aussi est-elle sincère et constante dans son opposition. Mais que peut-elle contre la Russie si la France ne lui prête ses soldats ? Recommencer à l'endroit de Cronstadt les amusantes rodomontades de sir Charles Napier ; envoyer dans la Mer-Noire une flotte qu'une marche rapide des Russes sur Constantinople pourrait lui faire perdre en lui fermant le retour ? Tout cela n'est guère redoutable, et, privés de notre concours, votre impuissance est manifeste. Ce concours vous l'avez obtenu ; vous auriez pu vous l'assurer à jamais ; vous ne l'avez pas voulu. Or, les motifs qui ont pu déterminer la conduite de la France n'existent plus.

En 1830, un grand malentendu nous avait séparés de nos alliés. L'empereur Nicolas, malgré ses grandes qualités de prince, malgré son génie, avait en politique des côtés faibles. Il avait pris en haine la France, qu'il confondait avec la Révolution, et ses flatteurs avaient caressé son erreur en lui représentant notre pays comme tout à fait déchu de sa grandeur passée, comme ne pouvant plus jouer un rôle important en Europe. On croit facilement ce qu'on désire, et dès lors, à Saint-Pétersbourg on s'est cru autorisé à ne plus compter avec nous. De là le traité de la quadruple alliance et d'autres insultes encore qu'un gouvernement trop faible n'avait pas su punir.

Placés dans de pareilles conditions, nous ne pouvions laisser s'accomplir des projets pour nous sans compensation. Nous avons donc été contraints de montrer une fois de plus, au monde, qu'il est toujours imprudent d'oublier la France; qu'elle s'endort parfois dans son bien-être, mais que son réveil toujours est le même : celui du lion.

Aujourd'hui, la cour de Russie est mieux renseignée; les fausses idées ont disparu. La guerre de Crimée, celle d'Italie, deux armées immenses, deux grandes nations militaires de l'Europe venant se briser contre nos bataillons, ce sont là des enseignements qui ne se perdent pas. Tout prince sensé en tient compte, et personne, aujourd'hui, n'est tenté de nous refuser une large part d'influence. Les motifs graves qui nous ont armés contre la Russie n'existent plus. Quelques intérêts nous divisent-ils encore? Ces intérêts ne peuvent-ils se régler à la satisfaction des deux parties? C'est ce qu'il faut examiner.

La Russie peut voir avec inquiétude les vieilles sympathies de la France pour la Pologne. Elle peut craindre, d'un autre côté, qu'un agrandissement de la France ne coûte de pénibles sacrifices à un allié qu'elle tient à ménager. Enfin, si les projets de domination universelle qu'on lui prête existaient en réalité, elle pourrait redouter de voir la France trop forte, car ce serait un obstacle.

De son côté, la France pourrait avoir à se préoccuper un jour de la prépondérance que donnerait à la Russie la conquête de Constantinople ; ce serait une nouvelle rivale dans la Méditerranée, où la France doit conserver toujours son indépendance. Enfin, elle peut craindre ces projets de domination universelle, que la grandeur de leur empire, les forces dont ils disposent, ont pu faire naître dans l'esprit de quelques-uns des souverains de la Russie.

Voilà les seules questions sérieuses qui nous puissent diviser. Les autres sont des accidents qui disparaissent avec les hommes qui les ont fait naître.

La crainte ou le désir d'une monarchie universelle sont de ces banalités dont il n'est guère utile de s’inquiéter ; ce sont de chimériques terreurs ou de folles espérances. L’histoire nous montre assez l’inanité de pareils projets. Une puissance peut devenir, pour un temps, prépondérante ; elle peut peser d’un poids trop lourd dans les conseils de l’Europe, et votre pays lui-même en a donné l’exemple, Mylord ; mais lorsque cette action illégitime s’exerce, une réaction sourde d’abord, énergique bientôt, vient détruire de coupables illusions. La cour de Russie est trop habile et trop sage pour s’enivrer de semblables fumées. Quant à nous, nous ne redoutons guère un pareil événement : nous avons appris de nos pères à ne craindre que la chute du ciel.

Il n’y a donc, dans l’ambition qu’on prête à la Russie, rien qui nous puisse effrayer, rien qui puisse retarder l’union sincère des deux peuples.

La question de la Pologne n’a pas plus de gravité. Nous n’avons pu nous défendre d’aimer la chevaleresque Pologne. La bravoure éclatante de ses enfants était un titre suffisant à notre estime, et le sang qu’ils ont versé côte à côte avec nous pour la défense de la France, avait cimenté cette alliance. Pour nous, les Polonais étaient des frères d’armes. Mais tout en regrettant cette nationalité brillante, qui a donné naissance à tant de héros, nous ne pouvons nous dissimuler que la Pologne portait en elle-même le germe de sa destruction, que son existence était impossible, et qu’elle est, en réalité, plus heureuse et plus florissante sous la domination éclairée d'un gouvernement fort, que sous le sabre toujours tiré de ses palatins. Nous sommes également forcés de convenir, pour être conséquents avec nous-mêmes, nous qui savons le prix des bonnes frontières, que l'annexion de la Pologne était fatalement commandée à la Russie. Ce partage a été le crime de l'Allemagne et non le nôtre; ce sera son châtiment; cela n'est pas notre affaire. La Pologne ne peut plus être une cause de division entre le czar et nous.

Reste la Prusse. Depuis quelques années, la Prusse est entrée si avant dans votre alliance, elle a été, au contraire, pour la Russie, une alliée si tiède au jour du péril, qu'il est permis de croire qu'à part les relations de famille, celle-ci n'a pas pour la Prusse une amitié si dévouée qu'elle puisse sacrifier toujours l'exécution de ses vastes projets au désir de défendre, non pas même les véritables intérêts de la Prusse, mais simplement ses manies de *germanisme*.

Quel intérêt réel a donc, en effet, la Prusse à conserver ce long territoire sans épaisseur, avec son immense frontière si mal défendue? Certaines acquisitions en Allemagne lui donneraient bien autrement de cohésion et de force en même temps qu'une nfluence plus grande sur la direction des affaires de la Confédération. La Russie peut, sans affaiblir son alliée, en augmentant même sa puissance, nous laisser prendre une compensation qui serve de contre-poids à l'extension de territoire qu'elle médite.

Une alliance intime entre la France et la Russie est donc très-possible. Les obstacles qui s'opposent encore à une entente parfaite disparaîtront nécessairement. Lorsque l'intérêt bien compris de deux pays tend à les rapprocher, aucune raison secondaire ne peut empêcher cette union. Les bonnes relations qui ont été brisées par la révolution de Juillet seule, peuvent facilement se renouer aujourd'hui.

Le sceau de cette alliance, qui permettrait aux deux peuples de reprendre le cours de leurs grandes destinées, serait, vous n'en doutez pas, le Bosphore à la Russie, et le Rhin à la France. Vous perdrez ainsi, en même temps, les deux situations que vous défendez avec tant de sollicitude. Ne vaudrait-il pas mieux faire le sacrifice de l'une d'elles et vous assurer au moins une amitié.

Si votre pays, Mylord, rejetant ses vieilles traditions de haine, ses injustes jalousies, entrait courageusement dans une voie de sincérité et de bienveillance, s'il voulait comprendre que la grandeur de la France peut être la garantie de sa propre grandeur, le monde, alors véritablement pacifié, commencerait une ère nouvelle. Nos deux nations, se tenant par la main, marcheraient d'un pas assuré dans la voie du progrès sans bornes que le génie de la science a ouverte à l'homme. Répandant autour d'elles, l'une de sages doctrines de liberté, l'autre le sentiment chrétien qui l'anime, son ardente fraternité, elles accompliraient la divine mission que chaque peuple est tenu de remplir, sous peine d'être effacé du livre des vivants : faire avancer l'humanité vers l'idéal de perfection où elle doit tendre.

En résumé, Mylord, une paix sincère entre nos deux nations, c'est la continuation de votre grandeur maritime, c'est l'Occident rejetant encore l'islamisme sur l'Asie ; mais sans donner à une puissance déjà redoutable une prépondérance qui doit vous écraser. La justice pour la France, c'est la France sur le Rhin, mais c'est le Bosphore libre. Le contraire, Mylord, c'est encore la France agrandie, et c'est en même temps le czar à Constantinople, les routes de l'Asie fermées pour vous, et votre royauté de la mer compromise à jamais.

Que l'Angleterre choisisse et qu'elle se rappelle que le traité de Vienne fut une œuvre de haine, partant un crime qu'il faut expier ou racheter.

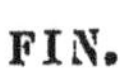

FIN.

BUREAUX D'ABONNEMENT, 13, QUAI VOLTAIRE, A PARIS
ET A LA LIBRAIRIE DENTU, PALAIS-ROYAL

PARIS........ Trois mois, **14** fr. — Six mois, **26** fr. — Un an, **50** fr.
DÉPARTEMENTS. Trois mois, **15** fr. — Six mois, **29** fr. — Un an, **56** fr.
ÉTRANGER..... Le port en sus, suivant le pays.

REVUE
EUROPÉENNE

RECUEIL
LITTÉRAIRE, POLITIQUE, SCIENTIFIQUE ET PHILOSOPHIQUE

Paraissant DEUX FOIS PAR MOIS, le 1er et le 15

Par livraison de 14 feuilles grand in-8° (224 pages d'impression)

Directeur : M. AUGUSTE LACAUSSADE

La *Revue Européenne* a rapidement conquis une place importante dans la presse périodique, parmi les recueils les plus estimés ; elle doit la faveur qui l'a accueillie dès son origine au concours assidu, au talent consacré des hommes éminents qu'elle compte parmi ses collaborateurs, autant qu'à cette portion notable du public qu'intéressent les travaux de l'esprit et les hautes investigations de la science.

Confiée aux soins d'une direction libérale, éclairée par l'expérience du passé, la *Revue Européenne* a cherché son originalité à une égale distance des sentiers frayés et des innovations bruyantes ; elle a voulu tenir compte de tous les éléments, accueillir les hardiesses heureuses, tout en maintenant la tradition et la règle.

A côté des noms les plus autorisés, elle a groupé d'autres noms ou plus jeunes ou nouveaux, à qui n'avait manqué jusqu'ici que l'occasion de se produire.

Quelques-unes des études philosophiques, littéraires, politiques ou économiques qui ont paru dans la *Revue* sont devenues des livres recherchés.

Le mouvement des esprits, les besoins du temps présent, les événements contemporains constatés, suivis, expliqués par des voix dont nul ne conteste l'autorité : tels sont les éléments qui forment dans la *Revue Européenne* un ensemble de publications du plus haut intérêt.

La chronique politique de la quinzaine, soigneusement étudiée, présente aux lecteurs un avantage que chacun peut apprécier, celui de pouvoir résumer avec exactitude la situation, en puisant ses renseignements aux sources les plus directes et les plus authentiques.

Chacune des livraisons de la *Revue* contient :

Des travaux de littérature, d'histoire, de philosophie et de science ;

Un courrier politique et littéraire des principaux centres de l'étranger ;

Une chronique musicale, des théâtres et des salons ;

Un bulletin financier ;

Des articles ou un Bulletin de bibliographie.